My First Kids Coloring book

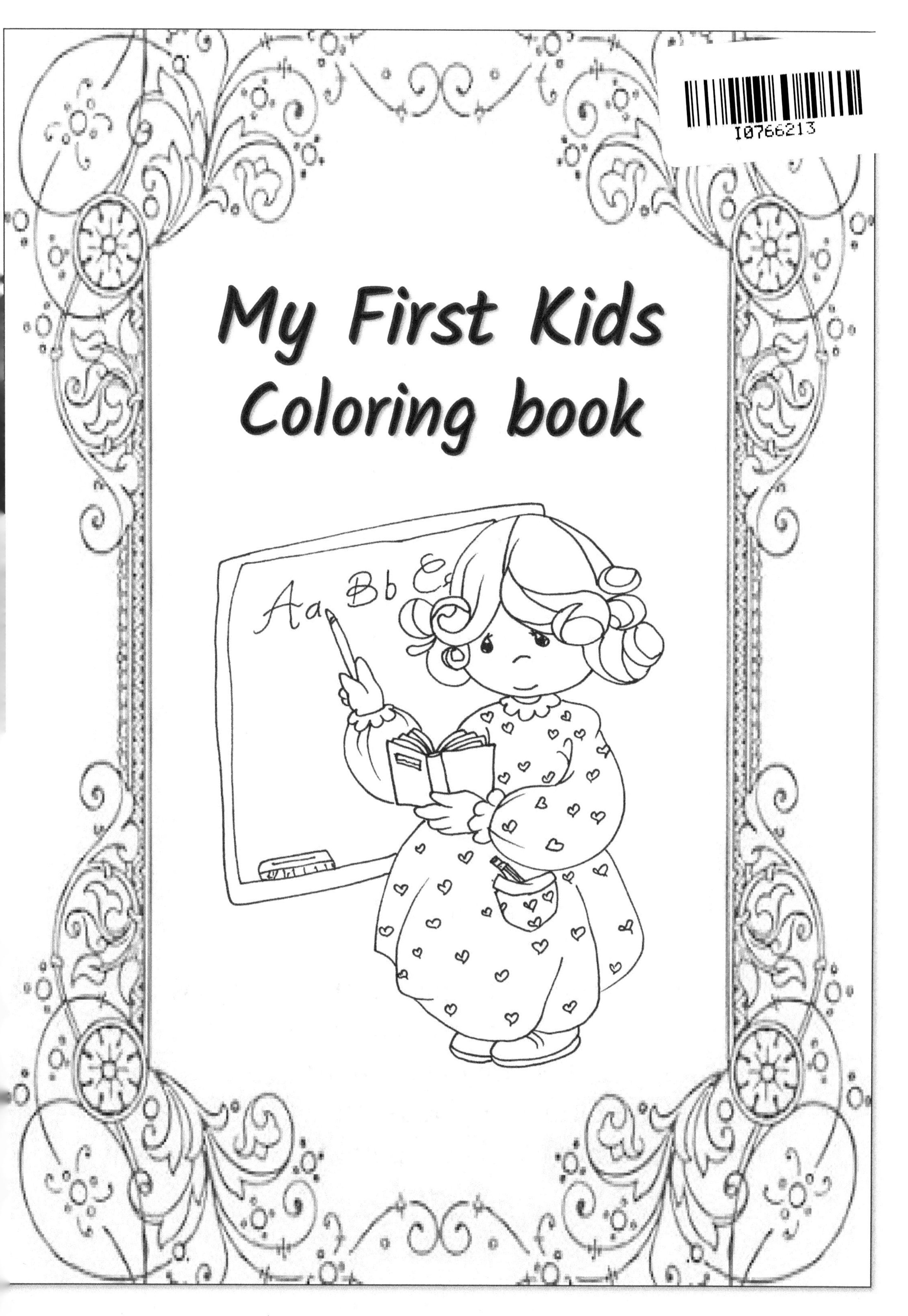

This Coloring book Belongs to:

....

....

Copyright © 2020

TEST COLOR PAGE

TEST COLOR PAGE

TEST COLOR PAGE

TEST COLOR PAGE

TEST COLOR PAGE

Aa Bb Cc

TEST COLOR PAGE

TEST COLOR PAGE

TEST COLOR PAGE

TEST COLOR PAGE

TEST COLOR PAGE

TEST COLOR PAGE

TEST COLOR PAGE

TEST COLOR PAGE

TEST COLOR PAGE

TEST COLOR PAGE

TEST COLOR PAGE

TEST COLOR PAGE

TEST COLOR PAGE

TEST COLOR PAGE

TEST COLOR PAGE

TEST COLOR PAGE

TEST COLOR PAGE

PRESS

TEST COLOR PAGE

TEST COLOR PAGE

TEST COLOR PAGE

TEST COLOR PAGE

TEST COLOR PAGE

TEST COLOR PAGE

TEST COLOR PAGE

TEST COLOR PAGE